Apresentação

Como terapeutas do **Instituto do Casal**, acreditamos que relacionamentos felizes e harmoniosos precisam de investimento. Temos uma frase inspiradora que diz:

"Não é o amor que sustenta o relacionamento, e sim o modo de se relacionar que sustenta o amor".

Com base nessa frase, criamos este guia para você e seu(sua) parceiro(a) reverem suas próprias relações. É preciso descobrir os pontos frágeis, que precisam ser fortalecidos, e os fortes, que podem e devem ser valorizados. Isso será desenvolvido por meio de atividades/exercícios, que serão feitos durante duas semanas.

Asseguramos que relações afetivas e sexuais de qualidade são construídas ao longo da vida e impactadas pelas diversas fases da história do casal.

Portanto, é necessário realinhar as expectativas o tempo todo e, nos momentos de crise, enxergar oportunidades de crescimento e fortalecimento da relação.

Convidamos vocês a trilharem essa jornada juntos.

Denise Miranda de Figueiredo e
Marina Simas de Lima

Quem somos

DENISE MIRANDA DE FIGUEIREDO
Doutora em Psicologia Clínica, mestre em Psicologia Social, especialista em Psicodrama, Sociodrama e Terapia de Casal e Família pela Pontifícia Universidade Católica de São Paulo (PUC - SP).

MARINA SIMAS DE LIMA
Mestre em Psicologia Clínica, especialista em Psicologia Organizacional, Psicologia Clínica, Sexualidade Humana, Terapia Colaborativa e Terapia de Casal e Família.

Instruções para uso deste guia

♡ **Passo 1:** Faça o(s) exercício(s) indicado(s) para cada dia com calma. Alguns exercícios precisam ser feitos em dupla. Portanto, fique atento(a) às orientações.

♡ **Passo 2:** Procure respeitar as pausas entre as atividades diárias, pois elas são necessárias para você refletir sobre sua vida e o seu relacionamento. Portanto, evite fazer mais de um exercício por dia.

♡ **Passo 3:** Caso você ou seu(sua) parceiro(a) se esqueça de fazer o exercício em algum dia, continue no dia seguinte de onde parou. O importante é não desistir.

♡ **Passo 4:** Compartilhe o resultado com seu(sua) parceiro(a).

♡ **Passo 5:** Após compartilhar, escreva o que aprendeu com o exercício do dia.

O intuito é construir e/ou fortalecer a conjugalidade.

Pontos importantes
- Escute
- Acolha
- Não julgue

Seja bem-vindo(a) a esta jornada de 14 dias!

TRABALHANDO A INDIVIDUALIDADE/CONJUGALIDADE

Reflita...

" Viver em casal pressupõe um equilíbrio entre o EU e o NÓS. "

DIA 1
O SEU RELACIONAMENTO HOJE

Atividade individual
Desenhe como você enxerga o seu relacionamento hoje e dê um título a ele.

TÍTULO:

DIA 1

Atividade individual
A partir do desenho, escreva como é a sua relação atualmente.

DIA 1

Atividade em casal
Compartilhe com seu(sua) parceiro(a) como foi realizar a atividade deste dia.

Atividade individual
Depois, escreva aqui qual foi o aprendizado que adquiriu com ela.

_____
_____
_____
_____
_____
_____
_____
_____
_____
_____

DIA 2
O RELACIONAMENTO DESEJADO

Atividade individual

Faça um desenho que ilustre seu ideal de relacionamento e dê um título a ele.

TÍTULO:

DIA 2

Atividade individual
A partir do desenho, escreva como imagina a sua relação desejada.

DIA 2

Atividade em casal
Compartilhe com seu(sua) parceiro(a) como foi realizar a atividade deste dia.

Atividade individual
Depois, escreva aqui qual foi o aprendizado que adquiriu com ela.

ALINHANDO AS EXPECTATIVAS DO CASAL

Reflita...

" *Amar é uma arte que desafia o casal a alinhar as expectativas e perspectivas no decorrer da vida conjugal.* "

DIA 3

O NOVO CASAL

Atividade em casal

Compartilhem os desenhos anteriores e façam juntos um novo desenho que represente o casal / relação que vocês gostariam de se tornar / ter, dando um título a essa história.

TÍTULO:

DIA 3

Atividade em casal

Usem a criatividade e escolham juntos 10 palavras que gostariam que fizessem parte dessa nova relação de vocês.

1.	6.
2.	7.
3.	8.
4.	9.
5.	10.

Atividade em casal

A partir do desenho e das 10 palavras, escrevam a história que gostariam de viver a partir de hoje.

_____

_____

_____

_____

_____

_____

DIA 3

Atividade em casal

Compartilhe com seu(sua) parceiro(a) como foi realizar a atividade deste dia.

Atividade individual

Depois, escreva aqui qual foi o aprendizado que adquiriu com ela.

_____
_____
_____
_____
_____
_____
_____
_____
_____
_____

REVISANDO SUAS METAS COMO CASAL

Reflita...

" Um dos desafios do casal é respeitar suas individualidades, alinhar suas expectativas – individuais e conjugais – e construir objetivos e metas conjuntas a partir dos valores da relação. "

DIA 4
O NOVO CASAL

Atividade em casal
Quais metas vocês tinham como casal?

_____
_____
_____

Atividade em casal
Quais delas vocês conseguiram cumprir?

_____
_____
_____

Atividade em casal
Vocês conseguem identificar quais foram as dificuldades para o cumprimento das metas não alcançadas?

_____
_____

DIA 4

Atividade em casal
Compartilhe com seu(sua) parceiro(a) como foi realizar a atividade deste dia.

Atividade individual
Depois, escreva aqui qual foi o aprendizado que adquiriu com ela.

_____
_____
_____
_____
_____
_____
_____
_____
_____
_____

DIA 5
REVISANDO OS ACONTECIMENTOS DESSA RELAÇÃO NO ÚLTIMO ANO

Atividade em casal

Descrevam como imaginavam que seria o ano.

_____
_____
_____
_____
_____
_____
_____
_____
_____
_____

Descrevam como realmente foi.

_____
_____
_____
_____
_____
_____
_____
_____
_____
_____

DIA 5

Atividade em casal
Compartilhe com seu(sua) parceiro(a) como foi realizar a atividade deste dia.

Atividade individual
Depois, escreva aqui qual foi o aprendizado que adquiriu com ela.

_____
_____
_____
_____
_____
_____
_____
_____
_____
_____

DIA 6

LINHA DO TEMPO DO CASAL

Atividade em casal

Neste exercício é importante separar fotos e objetos significativos que marcam a história de vocês. A partir desses elementos e da memória que eles acionam, construam uma linha do tempo com esses acontecimentos: os bons e os difíceis.

DIA 6

RELEMBRANDO BOAS HISTÓRIAS

Atividade em casal

A partir da linha do tempo, reescrevam, com o máximo de detalhes, **dois bons momentos e emoções** que viveram como casal e que gostariam de reviver.

___

___

___

___

___

___

___

___

___

DIA 6

Atividade em casal

Identifiquem, nesses **dois bons momentos e emoções** descritos anteriormente, o que aconteceu de especial para que vocês quisessem revivê-los.

DIA 6

Atividade em casal

Compartilhe com seu(sua) parceiro(a) como foi realizar a atividade deste dia.

Atividade individual

Depois, escreva aqui qual foi o aprendizado que adquiriu com ela.

_____
_____
_____
_____
_____
_____
_____
_____
_____
_____

DEFININDO OS VALORES DA RELAÇÃO

Reflita...

" Relacionamentos são constituídos de valores, os quais se formam por meio das experiências de vida. "

 **DIA 7**

Atividade em casal

Todas as pessoas têm seus próprios valores, e as relações, quando estabelecidas, também são pautadas neles.

Assinalem abaixo quais são os valores que vocês compartilham nessa relação.

Se tiverem mais algum a acrescentar, incluam na lista.

( ) Amor
( ) Cooperação
( ) Educação
( ) Ética
( ) Felicidade
( ) Honestidade
( ) Humildade
( ) Liberdade
( ) Paz
( ) Empatia
( ) Respeito
( ) Responsabilidade
( ) Segurança
( ) Senso de justiça
( ) Simplicidade
( ) Solidariedade
( ) Tolerância
( ) União
( ) _____

Atividade individual

Enumere o grau de importância das sete qualidades listadas a seguir para o seu relacionamento.
(sendo 1 o mais importante e 7 o menos importante)

☐ Bom humor
☐ Cumplicidade
☐ Fidelidade
☐ Interesse comum
☐ Lealdade
☐ Sensibilidade
☐ Sexualidade

DIA 7

Atividade em casal
Compartilhe com seu(sua) parceiro(a) como foi realizar a atividade deste dia.

Atividade individual
Depois, escreva aqui qual foi o aprendizado que adquiriu com ela.

_____
_____
_____
_____
_____
_____
_____
_____
_____
_____

Atividade individual

Assinale quanto tempo você investe em cada um destes papéis em sua vida atualmente:

	POUCO TEMPO	TEMPO RAZOÁVEL	MUITO TEMPO
Profissional			
Financeiro			
Familiar (origem)			
Familiar (atual)			
Social			

	POUCO TEMPO	TEMPO RAZOÁVEL	MUITO TEMPO
Afetivo			
Sexual			
Lazer			
Espiritual			
Intelectual			

Atividade em casal

Compartilhe com seu(sua) parceiro(a) como foi realizar a atividade deste dia.

Atividade individual

Depois, escreva aqui qual foi o aprendizado que adquiriu com ela.

_____

_____

_____

Dia 9

Atividade em casal

Com uma cor de caneta diferente, cada um de vocês deve identificar, de 0 a 10, na **Roda dos Papéis**, quanto de investimento designa para cada papel que desempenha em sua vida atualmente, sendo que 0 é nada e 10 é muito. Depois, cada um vai ligar os seus pontos, construindo uma teia.

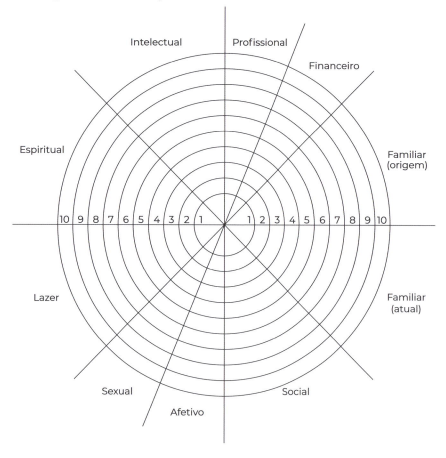

DIA 9

Atividade em casal

Como a divisão de investimento representada no mapa impacta a vida de vocês?

_____
_____
_____
_____

Na visão de vocês, o redimensionamento do tempo dedicado a alguns destes papéis poderia impactar positivamente a relação de vocês?

Se sim, escolham dois papéis – em comum acordo – e combinem entre si uma ação concreta de como viver esse novo formato.

Primeiro papel:

Ação concreta:

Segundo papel:

Ação concreta:

DIA 9

Atividade em casal
Compartilhe com seu(sua) parceiro(a) como foi realizar a atividade deste dia.

Atividade individual
Depois, escreva aqui qual foi o aprendizado que adquiriu com ela.

_____
_____
_____
_____
_____
_____
_____
_____
_____
_____

DECIDA SER FELIZ

Reflita...

" Mesmo quando tudo parecer desabar, cabe a mim decidir entre rir ou chorar, ir ou ficar, desistir ou lutar; porque eu descobri, no caminho incerto da vida, que o mais importante é o decidir. "

Cora Coralina

Principais motivos de brigas dos casais brasileiros, segundo pesquisa do **Instituto do Casal**:

1. Falta de organização da casa e dos objetos pessoais
2. Falta de diálogo
3. Uso excessivo do celular
4. Excesso de críticas
5. Divisão injusta das tarefas domésticas
6. Pouca frequência sexual
7. Quando um quer fazer sexo e o outro não quer
8. Falta de romance no casamento
9. Mau humor
10. Falta de tempo para o relacionamento
11. Rotina do casamento
12. Excesso de reclamações
13. Ciúme
14. Falta de dinheiro

Atividade individual

Com base na pesquisa, identifique quais são os motivos de brigas na sua relação atualmente.

_____

_____

_____

DIA 10

Atividade em casal

Compartilhe com seu(sua) parceiro(a) como foi realizar a atividade deste dia.

Atividade individual

Depois, escreva aqui qual foi o aprendizado que adquiriu com ela.

_____
_____
_____
_____
_____
_____
_____
_____
_____
_____
_____
_____

DIA 11

CONSTRUINDO NOSSO PLANO DE AÇÃO

O ponto-chave é o seu comprometimento com as metas e os prazos que vão definir, agora, como casal. Ter clareza dos próximos passos é fundamental para alcançarem o que vai ser planejado.

Para ajudá-los nesta etapa, respondam:

Atividade em casal

O QUÊ: Defina o objetivo/meta do casal.

___

POR QUÊ: O que torna esse sonho tão importante e significativo para vocês?

___

COMO: Quais competências cada um de vocês precisa para alcançar esse objetivo?

___

QUEM: Que pessoas poderão ajudar vocês a alcançarem esse objetivo?

___

QUAIS: Quais recursos/ferramentas serão utilizados por vocês?

___

DIA 11
ATENÇÃO!

Existem algumas crenças que podem dificultar a execução do plano de ação do casal. Fiquem atentos:

- Não somos bons o suficiente
- Não temos os recursos necessários
- Não nos amamos mais
- Ainda não estamos preparados para a mudança
- Nunca seremos felizes
- Somos um fracasso como casal
- Não somos capazes de mudar
- Nunca vamos conseguir ser um casal autossuficiente
- Não conseguimos terminar nada do que começamos
- Nunca conseguimos fazer nada juntos
- Somos muito diferentes
- Não merecemos ser felizes

Se vocês ficarem esperando pelo momento ideal, pela perfeição, seus planos continuarão sendo adiados e não concluídos.

Cabe a vocês mudar esse modo de pensar. Olhem para o plano de ação com a certeza de que são uma boa dupla e podem cumpri-lo juntos.

Vocês podem reescrever a história, sonhar juntos e criar novas oportunidades para essa relação se tornar potente!

DIA 11

Atividade em casal

Escrevam o plano de ação conjugal que irá nortear seus projetos futuros. Para construí-lo, respondam em cada etapa às seguintes questões: O QUÊ, POR QUÊ, COMO, QUEM e QUAIS.

DIA 11

Atividade em casal
Compartilhe com seu(sua) parceiro(a) como foi realizar a atividade deste dia.

Atividade individual
Depois, escreva aqui qual foi o aprendizado que adquiriu com ela.

_____
_____
_____
_____
_____
_____
_____
_____
_____
_____
_____
_____

DIA 12

CRONOGRAMA PARA O SEU PLANO DE AÇÃO CONJUGAL

Agora vocês estão prontos para definir o cronograma de execução do Plano de Ação.

Uma maneira de saber se estão no caminho desejado e motivá-los é não perder o foco das ações atuais e futuras. Vamos lá?

Atividade em casal

Escrevam o que devem alcançar em cada um dos meses na tabela, o que os ajudará a manter o foco nas metas estabelecidas.

SUGESTÃO: APÓS PREENCHER A TABELA A SEGUIR, DEIXE-A EM LOCAL VISÍVEL PARA ESTIMULAR VOCÊS NO CUMPRIMENTO DAS AÇÕES.

MÊS	META DE_____	META DE_____
Janeiro		
Fevereiro		
Março		
Abril		
Maio		
Junho		
Julho		
Agosto		
Setembro		
Outubro		
Novembro		
Dezembro		

DIA 12

Atividade em casal
Compartilhe com seu(sua) parceiro(a) como foi realizar a atividade deste dia.

Atividade individual
Depois, escreva aqui qual foi o aprendizado que adquiriu com ela.

_____

_____

_____

_____

_____

_____

_____

_____

_____

_____

DIA 13
O MOMENTO DE AGIR É AGORA!

Objetivos estabelecidos e planejamento feito!

Agora é só começar a colocar tudo em prática – e é aqui que começa o verdadeiro desafio.

Essa jornada desafiadora exige comprometimento de ambos, disciplina e foco, tendo a certeza de que ao final da jornada terão conhecido mais sobre si, o outro e a própria relação.

Reflitam sobre o que pode impedir o cumprimento desse plano de ação.

Atividade em casal
Anotem e indiquem como pretendem superar esses impedimentos.

_____
_____
_____
_____
_____
_____
_____

DIA 13

Atividade em casal

Compartilhe com seu(sua) parceiro(a) como foi realizar a atividade deste dia.

Atividade individual

Depois, escreva aqui qual foi o aprendizado que adquiriu com ela.

_____
_____
_____
_____
_____
_____
_____
_____
_____

DIA 14
CONTRATO DE INTENÇÕES DO CASAL

Nós, _____,

e _____

nos comprometemos a viver uma relação [descrever a relação a que se comprometem]

_____

_____

_____

_____

compartilhando nossas vidas e acreditando na força e na potência de nossa parceria.

_____, ___ de _____ de 20___

_____   _____

Assinaturas do casal

Palavras finais

Na vida, permanecer é mais difícil do que conquistar.

Vocês construíram um plano de relacionamento, deixaram claro aonde querem chegar e por que/para que desejam estar lá.

Não temos dúvidas de que vocês conseguirão conquistar todos os objetivos estabelecidos nesse plano. Não vai ser fácil, mas é possível fazer essa jornada. Acreditem!

E, uma vez conquistado o plano, permaneçam alimentando a relação, surpreendendo um ao outro, dando o seu melhor.

Estaremos aqui para apoiá-los no que for preciso durante esta ou qualquer outra jornada que se fizer necessária.

Até a próxima!

Denise Miranda de Figueiredo e
Marina Simas de Lima